Addition und Subtraktion ungleicher Brüche

Arbeitsbogen Nr. 1
Aufgabe

Achte auf den richtigen Hauptnenner! | Ergebnis gekürzt (falls möglich) | gemischte Zahl

a) $\frac{4}{6} + \frac{2}{3} = \underline{\qquad} + \underline{\qquad} = \underline{\qquad} = \underline{\qquad} =$

b) $\frac{6}{8} + \frac{1}{2} = \underline{\qquad} + \underline{\qquad} = \underline{\qquad} = \underline{\qquad} =$

c) $\frac{6}{7} + \frac{1}{2} = \underline{\qquad} + \underline{\qquad} = \underline{\qquad} = \underline{\qquad} =$

d) $\frac{10}{12} - \frac{4}{8} = \underline{\qquad} - \underline{\qquad} = \underline{\qquad} = \underline{\qquad}$

e) $\frac{6}{9} - \frac{1}{3} = \underline{\qquad} - \underline{\qquad} = \underline{\qquad} = \underline{\qquad}$

f) $\frac{5}{6} - \frac{2}{3} = \underline{\qquad} - \underline{\qquad} = \underline{\qquad} = \underline{\qquad}$

Addition und Subtraktion ungleicher Brüche

Arbeitsbogen Nr. 1
Lösung

Achte auf den richtigen Hauptnenner! | Ergebnis gekürzt (falls möglich) | gemischte Zahl

a) $\frac{4}{6} + \frac{2}{3} = \frac{4}{6} + \frac{4}{6} = \frac{8}{6} = \frac{4}{3} = 1\frac{1}{3}$

b) $\frac{6}{8} + \frac{1}{2} = \frac{6}{8} + \frac{4}{8} = \frac{10}{8} = \frac{5}{4} = 1\frac{1}{4}$

c) $\frac{6}{7} + \frac{1}{2} = \frac{12}{14} + \frac{7}{14} = \frac{19}{14} = \frac{19}{14} = 1\frac{5}{14}$

d) $\frac{10}{12} - \frac{4}{8} = \frac{20}{24} - \frac{12}{24} = \frac{8}{24} = \frac{1}{3}$

e) $\frac{6}{9} - \frac{1}{3} = \frac{6}{9} - \frac{3}{9} = \frac{3}{9} = \frac{1}{3}$

f) $\frac{5}{6} - \frac{2}{3} = \frac{5}{6} - \frac{4}{6} = \frac{1}{6}$

Addition und Subtraktion ungleicher Brüche

Arbeitsbogen Nr. 2
Aufgabe

			Achte auf den richtigen Hauptnenner!			Ergebnis gekürzt (falls möglich)	gemischte Zahl
a)	$\frac{3}{4} + \frac{5}{6}$	=	___ + ___	=	___	= ___	=
b)	$\frac{6}{8} + \frac{2}{3}$	=	___ + ___	=	___	= ___	=
c)	$\frac{5}{7} + \frac{1}{2}$	=	___ + ___	=	___	= ___	=
d)	$\frac{8}{9} - \frac{2}{3}$	=	___ − ___	=	___	= ___	
e)	$\frac{7}{8} - \frac{3}{4}$	=	___ − ___	=	___	= ___	
f)	$\frac{8}{10} - \frac{2}{5}$	=	___ − ___	=	___	= ___	

Addition und Subtraktion ungleicher Brüche

Arbeitsbogen Nr. 2
Lösung

			Achte auf den richtigen Hauptnenner!			Ergebnis gekürzt (falls möglich)	gemischte Zahl
a)	$\frac{3}{4} + \frac{5}{6}$	=	$\frac{9}{12} + \frac{10}{12}$	=	$\frac{19}{12}$	= $\frac{19}{12}$	= $1\frac{7}{12}$
b)	$\frac{6}{8} + \frac{2}{3}$	=	$\frac{18}{24} + \frac{16}{24}$	=	$\frac{34}{24}$	= $\frac{17}{12}$	= $1\frac{5}{12}$
c)	$\frac{5}{7} + \frac{1}{2}$	=	$\frac{10}{14} + \frac{7}{14}$	=	$\frac{17}{14}$	= $\frac{17}{14}$	= $1\frac{3}{14}$
d)	$\frac{8}{9} - \frac{2}{3}$	=	$\frac{8}{9} - \frac{6}{9}$	=	$\frac{2}{9}$		
e)	$\frac{7}{8} - \frac{3}{4}$	=	$\frac{7}{8} - \frac{6}{8}$	=	$\frac{1}{8}$		
f)	$\frac{8}{10} - \frac{2}{5}$	=	$\frac{8}{10} - \frac{4}{10}$	=	$\frac{4}{10}$	= $\frac{2}{5}$	

Addition und Subtraktion ungleicher Brüche

Arbeitsbogen Nr. 3
Aufgabe

Achte auf den richtigen Hauptnenner! — Ergebnis gekürzt (falls möglich) — gemischte Zahl

a) $\frac{4}{5} + \frac{1}{2} = \_\_\_ + \_\_\_ = \_\_\_ = \_\_\_ =$

b) $\frac{8}{10} + \frac{3}{5} = \_\_\_ + \_\_\_ = \_\_\_ = \_\_\_ =$

c) $\frac{6}{8} + \frac{3}{4} = \_\_\_ + \_\_\_ = \_\_\_ = \_\_\_ =$

d) $\frac{5}{7} - \frac{1}{2} = \_\_\_ - \_\_\_ = \_\_\_ = \_\_\_$

e) $\frac{9}{12} - \frac{2}{3} = \_\_\_ - \_\_\_ = \_\_\_ = \_\_\_$

f) $\frac{6}{8} - \frac{1}{2} = \_\_\_ - \_\_\_ = \_\_\_ = \_\_\_$

Addition und Subtraktion ungleicher Brüche

Arbeitsbogen Nr. 3
Lösung

Achte auf den richtigen Hauptnenner! — Ergebnis gekürzt (falls möglich) — gemischte Zahl

a) $\frac{4}{5} + \frac{1}{2} = \frac{8}{10} + \frac{5}{10} = \frac{13}{10} = \frac{13}{10} = 1\frac{3}{10}$

b) $\frac{8}{10} + \frac{3}{5} = \frac{8}{10} + \frac{6}{10} = \frac{14}{10} = \frac{7}{5} = 1\frac{2}{5}$

c) $\frac{6}{8} + \frac{3}{4} = \frac{6}{8} + \frac{6}{8} = \frac{12}{8} = \frac{3}{2} = 1\frac{1}{2}$

d) $\frac{5}{7} - \frac{1}{2} = \frac{10}{14} - \frac{7}{14} = \frac{3}{14}$

e) $\frac{9}{12} - \frac{2}{3} = \frac{9}{12} - \frac{8}{12} = \frac{1}{12}$

f) $\frac{6}{8} - \frac{1}{2} = \frac{6}{8} - \frac{4}{8} = \frac{2}{8} = \frac{1}{4}$

Addition und Subtraktion ungleicher Brüche

Arbeitsbogen Nr. 4
Aufgabe

		Achte auf den richtigen Hauptnenner!	Ergebnis gekürzt (falls möglich)	gemischte Zahl
a)	$\frac{3}{4} + \frac{3}{6}$	$= \_\_\_ + \_\_\_ = \_\_\_$	$= \_\_\_$	$=$
b)	$\frac{5}{9} + \frac{4}{6}$	$= \_\_\_ + \_\_\_ = \_\_\_$	$= \_\_\_$	$=$
c)	$\frac{2}{3} + \frac{2}{4}$	$= \_\_\_ + \_\_\_ = \_\_\_$	$= \_\_\_$	$=$
d)	$\frac{5}{6} - \frac{1}{3}$	$= \_\_\_ - \_\_\_ = \_\_\_$	$= \_\_\_$	
e)	$\frac{12}{15} - \frac{3}{5}$	$= \_\_\_ - \_\_\_ = \_\_\_$	$= \_\_\_$	
f)	$\frac{7}{9} - \frac{2}{3}$	$= \_\_\_ - \_\_\_ = \_\_\_$	$= \_\_\_$	

Addition und Subtraktion ungleicher Brüche

Arbeitsbogen Nr. 4
Lösung

		Achte auf den richtigen Hauptnenner!	Ergebnis gekürzt (falls möglich)	gemischte Zahl
a)	$\frac{3}{4} + \frac{3}{6}$	$= \frac{9}{12} + \frac{6}{12} = \frac{15}{12}$	$= \frac{5}{4}$	$= 1\frac{1}{4}$
b)	$\frac{5}{9} + \frac{4}{6}$	$= \frac{10}{18} + \frac{12}{18} = \frac{22}{18}$	$= \frac{11}{9}$	$= 1\frac{2}{9}$
c)	$\frac{2}{3} + \frac{2}{4}$	$= \frac{8}{12} + \frac{6}{12} = \frac{14}{12}$	$= \frac{7}{6}$	$= 1\frac{1}{6}$
d)	$\frac{5}{6} - \frac{1}{3}$	$= \frac{5}{6} - \frac{2}{6} = \frac{3}{6}$	$= \frac{1}{2}$	
e)	$\frac{12}{15} - \frac{3}{5}$	$= \frac{12}{15} - \frac{9}{15} = \frac{3}{15}$	$= \frac{1}{5}$	
f)	$\frac{7}{9} - \frac{2}{3}$	$= \frac{7}{9} - \frac{6}{9} = \frac{1}{9}$		

Addition und Subtraktion ungleicher Brüche

Arbeitsbogen Nr. 5
Aufgabe

	Achte auf den richtigen Hauptnenner!	Ergebnis gekürzt (falls möglich)	gemischte Zahl
a)	$\frac{7}{10} + \frac{4}{5} = \_\_\_ + \_\_\_ = \_\_\_$	$= \_\_\_$	$=$
b)	$\frac{10}{12} + \frac{3}{4} = \_\_\_ + \_\_\_ = \_\_\_$	$= \_\_\_$	$=$
c)	$\frac{1}{3} + \frac{3}{4} = \_\_\_ + \_\_\_ = \_\_\_$	$= \_\_\_$	$=$
d)	$\frac{9}{12} - \frac{2}{4} = \_\_\_ - \_\_\_ = \_\_\_$	$= \_\_\_$	
e)	$\frac{5}{6} - \frac{1}{3} = \_\_\_ - \_\_\_ = \_\_\_$	$= \_\_\_$	
f)	$\frac{8}{10} - \frac{3}{5} = \_\_\_ - \_\_\_ = \_\_\_$	$= \_\_\_$	

Addition und Subtraktion ungleicher Brüche

Arbeitsbogen Nr. 5
Lösung

	Achte auf den richtigen Hauptnenner!	Ergebnis gekürzt (falls möglich)	gemischte Zahl
a)	$\frac{7}{10} + \frac{4}{5} = \frac{7}{10} + \frac{8}{10} = \frac{15}{10}$	$= \frac{3}{2}$	$= 1\frac{1}{2}$
b)	$\frac{10}{12} + \frac{3}{4} = \frac{10}{12} + \frac{9}{12} = \frac{19}{12}$	$= \frac{19}{12}$	$= 1\frac{7}{12}$
c)	$\frac{1}{3} + \frac{3}{4} = \frac{4}{12} + \frac{9}{12} = \frac{13}{12}$	$= \frac{13}{12}$	$= 1\frac{1}{12}$
d)	$\frac{9}{12} - \frac{2}{4} = \frac{9}{12} - \frac{6}{12} = \frac{3}{12}$	$= \frac{1}{4}$	
e)	$\frac{5}{6} - \frac{1}{3} = \frac{5}{6} - \frac{2}{6} = \frac{3}{6}$	$= \frac{1}{2}$	
f)	$\frac{8}{10} - \frac{3}{5} = \frac{8}{10} - \frac{6}{10} = \frac{2}{10}$	$= \frac{1}{5}$	

Addition und Subtraktion ungleicher Brüche

Arbeitsbogen Nr. 6
Aufgabe

Achte auf den richtigen Hauptnenner! — Ergebnis gekürzt (falls möglich) — gemischte Zahl

a) $\frac{8}{12} + \frac{5}{6} = \_\_\_ + \_\_\_ = \_\_\_ = \_\_\_ =$

b) $\frac{4}{5} + \frac{5}{15} = \_\_\_ + \_\_\_ = \_\_\_ = \_\_\_ =$

c) $\frac{3}{6} + \frac{2}{3} = \_\_\_ + \_\_\_ = \_\_\_ = \_\_\_ =$

d) $\frac{8}{15} - \frac{2}{5} = \_\_\_ - \_\_\_ = \_\_\_ = \_\_\_$

e) $\frac{7}{8} - \frac{2}{4} = \_\_\_ - \_\_\_ = \_\_\_ = \_\_\_$

f) $\frac{11}{12} - \frac{3}{4} = \_\_\_ - \_\_\_ = \_\_\_ = \_\_\_$

Addition und Subtraktion ungleicher Brüche

Arbeitsbogen Nr. 6
Lösung

Achte auf den richtigen Hauptnenner! — Ergebnis gekürzt (falls möglich) — gemischte Zahl

a) $\frac{8}{12} + \frac{5}{6} = \frac{8}{12} + \frac{10}{12} = \frac{18}{12} = \frac{3}{2} = 1\frac{1}{2}$

b) $\frac{4}{5} + \frac{5}{15} = \frac{12}{15} + \frac{5}{15} = \frac{17}{15} = \frac{17}{15} = 1\frac{2}{15}$

c) $\frac{3}{6} + \frac{2}{3} = \frac{3}{6} + \frac{4}{6} = \frac{7}{6} = \frac{7}{6} = 1\frac{1}{6}$

d) $\frac{8}{15} - \frac{2}{5} = \frac{8}{15} - \frac{6}{15} = \frac{2}{15}$

e) $\frac{7}{8} - \frac{2}{4} = \frac{7}{8} - \frac{4}{8} = \frac{3}{8}$

f) $\frac{11}{12} - \frac{3}{4} = \frac{11}{12} - \frac{9}{12} = \frac{2}{12} = \frac{1}{6}$

Addition und Subtraktion ungleicher Brüche

Arbeitsbogen Nr. 7
Aufgabe

Achte auf den richtigen Hauptnenner! | Ergebnis gekürzt (falls möglich) | gemischte Zahl

a) $\frac{2}{3} + \frac{5}{7} = \frac{\quad}{\quad} + \frac{\quad}{\quad} = \frac{\quad}{\quad} = \frac{\quad}{\quad} =$

b) $\frac{3}{4} + \frac{4}{5} = \frac{\quad}{\quad} + \frac{\quad}{\quad} = \frac{\quad}{\quad} = \frac{\quad}{\quad} =$

c) $\frac{11}{12} + \frac{4}{8} = \frac{\quad}{\quad} + \frac{\quad}{\quad} = \frac{\quad}{\quad} = \frac{\quad}{\quad} =$

d) $\frac{5}{6} - \frac{2}{4} = \frac{\quad}{\quad} - \frac{\quad}{\quad} = \frac{\quad}{\quad} = \frac{\quad}{\quad}$

e) $\frac{10}{12} - \frac{4}{6} = \frac{\quad}{\quad} - \frac{\quad}{\quad} = \frac{\quad}{\quad} = \frac{\quad}{\quad}$

f) $\frac{16}{24} - \frac{4}{8} = \frac{\quad}{\quad} - \frac{\quad}{\quad} = \frac{\quad}{\quad} = \frac{\quad}{\quad}$

Addition und Subtraktion ungleicher Brüche

Arbeitsbogen Nr. 7
Lösung

Achte auf den richtigen Hauptnenner! | Ergebnis gekürzt (falls möglich) | gemischte Zahl

a) $\frac{2}{3} + \frac{5}{7} = \frac{14}{21} + \frac{15}{21} = \frac{29}{21} = \frac{29}{21} = 1\frac{8}{21}$

b) $\frac{3}{4} + \frac{4}{5} = \frac{15}{20} + \frac{16}{20} = \frac{31}{20} = \frac{31}{20} = 1\frac{11}{20}$

c) $\frac{11}{12} + \frac{4}{8} = \frac{22}{24} + \frac{12}{24} = \frac{34}{24} = \frac{17}{12} = 1\frac{5}{12}$

d) $\frac{5}{6} - \frac{2}{4} = \frac{10}{12} - \frac{6}{12} = \frac{4}{12} = \frac{1}{3}$

e) $\frac{10}{12} - \frac{4}{6} = \frac{10}{12} - \frac{8}{12} = \frac{2}{12} = \frac{1}{6}$

f) $\frac{16}{24} - \frac{4}{8} = \frac{16}{24} - \frac{12}{24} = \frac{4}{24} = \frac{1}{6}$

Addition und Subtraktion ungleicher Brüche

Arbeitsbogen Nr. 8
Aufgabe

Achte auf den richtigen Hauptnenner! | Ergebnis gekürzt (falls möglich) | gemischte Zahl

a) $\frac{4}{5} + \frac{2}{3} = \_\_\_ + \_\_\_ = \_\_\_ = \_\_\_ =$

b) $\frac{5}{8} + \frac{5}{12} = \_\_\_ + \_\_\_ = \_\_\_ = \_\_\_ =$

c) $\frac{2}{6} + \frac{7}{9} = \_\_\_ + \_\_\_ = \_\_\_ = \_\_\_ =$

d) $\frac{11}{12} - \frac{3}{4} = \_\_\_ - \_\_\_ = \_\_\_ = \_\_\_$

e) $\frac{14}{15} - \frac{3}{5} = \_\_\_ - \_\_\_ = \_\_\_ = \_\_\_$

f) $\frac{21}{25} - \frac{3}{5} = \_\_\_ - \_\_\_ = \_\_\_ = \_\_\_$

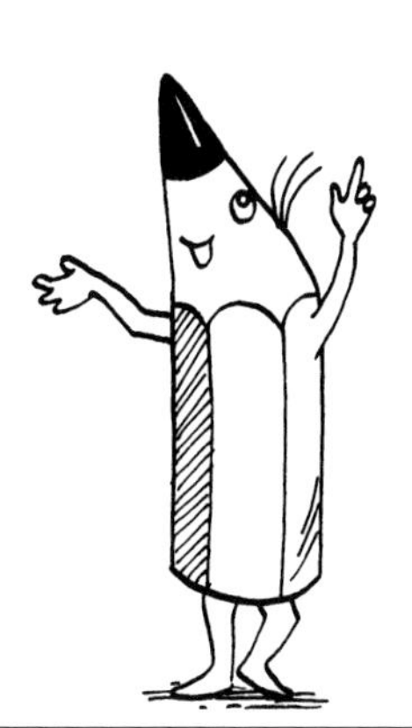

Addition und Subtraktion ungleicher Brüche

Arbeitsbogen Nr. 8
Lösung

Achte auf den richtigen Hauptnenner! | Ergebnis gekürzt (falls möglich) | gemischte Zahl

a) $\frac{4}{5} + \frac{2}{3} = \frac{12}{15} + \frac{10}{15} = \frac{22}{15} = \frac{22}{15} = 1\frac{7}{15}$

b) $\frac{5}{8} + \frac{5}{12} = \frac{15}{24} + \frac{10}{24} = \frac{25}{24} = \frac{25}{24} = 1\frac{1}{24}$

c) $\frac{2}{6} + \frac{7}{9} = \frac{6}{18} + \frac{14}{18} = \frac{20}{18} = \frac{10}{9} = 1\frac{1}{9}$

d) $\frac{11}{12} - \frac{3}{4} = \frac{11}{12} - \frac{9}{12} = \frac{2}{12} = \frac{1}{6}$

e) $\frac{14}{15} - \frac{3}{5} = \frac{14}{15} - \frac{9}{15} = \frac{5}{15} = \frac{1}{3}$

f) $\frac{21}{25} - \frac{3}{5} = \frac{21}{25} - \frac{15}{25} = \frac{6}{25}$

Addition und Subtraktion ungleicher Brüche

Arbeitsbogen Nr. 9
Aufgabe

Achte auf den richtigen Hauptnenner! | Ergebnis gekürzt (falls möglich) | gemischte Zahl

a) $\frac{6}{8} + \frac{5}{6} = \underline{\quad} + \underline{\quad} = \underline{\quad} = \underline{\quad} =$

b) $\frac{5}{7} + \frac{6}{14} = \underline{\quad} + \underline{\quad} = \underline{\quad} = \underline{\quad} =$

c) $\frac{12}{15} + \frac{4}{5} = \underline{\quad} + \underline{\quad} = \underline{\quad} = \underline{\quad} =$

d) $\frac{7}{8} - \frac{4}{6} = \underline{\quad} - \underline{\quad} = \underline{\quad} = \underline{\quad}$

e) $\frac{14}{15} - \frac{3}{5} = \underline{\quad} - \underline{\quad} = \underline{\quad} = \underline{\quad}$

f) $\frac{20}{24} - \frac{3}{8} = \underline{\quad} - \underline{\quad} = \underline{\quad} = \underline{\quad}$

Addition und Subtraktion ungleicher Brüche

Arbeitsbogen Nr. 9
Lösung

Achte auf den richtigen Hauptnenner! | Ergebnis gekürzt (falls möglich) | gemischte Zahl

a) $\frac{6}{8} + \frac{5}{6} = \frac{18}{24} + \frac{20}{24} = \frac{38}{24} = \frac{19}{12} = 1\frac{7}{12}$

b) $\frac{5}{7} + \frac{6}{14} = \frac{10}{14} + \frac{6}{14} = \frac{16}{14} = \frac{8}{7} = 1\frac{1}{7}$

c) $\frac{12}{15} + \frac{4}{5} = \frac{12}{15} + \frac{12}{15} = \frac{24}{15} = \frac{8}{5} = 1\frac{3}{5}$

d) $\frac{7}{8} - \frac{4}{6} = \frac{21}{24} - \frac{16}{24} = \frac{5}{24}$

e) $\frac{14}{15} - \frac{3}{5} = \frac{14}{15} - \frac{9}{15} = \frac{5}{15} = \frac{1}{3}$

f) $\frac{20}{24} - \frac{3}{8} = \frac{20}{24} - \frac{9}{24} = \frac{11}{24}$

Addition und Subtraktion ungleicher Brüche

Arbeitsbogen Nr. 10
Aufgabe

Achte auf den richtigen Hauptnenner! | Ergebnis gekürzt (falls möglich) | gemischte Zahl

a) $\frac{7}{16} + \frac{3}{4} = \_\_\_ + \_\_\_ = \_\_\_ = \_\_\_ =$

b) $\frac{4}{5} + \frac{8}{20} = \_\_\_ + \_\_\_ = \_\_\_ = \_\_\_ =$

c) $\frac{2}{3} + \frac{6}{7} = \_\_\_ + \_\_\_ = \_\_\_ = \_\_\_ =$

d) $\frac{26}{30} - \frac{4}{5} = \_\_\_ - \_\_\_ = \_\_\_ = \_\_\_$

e) $\frac{6}{8} - \frac{2}{3} = \_\_\_ - \_\_\_ = \_\_\_ = \_\_\_$

f) $\frac{8}{9} - \frac{2}{3} = \_\_\_ - \_\_\_ = \_\_\_ = \_\_\_$

Addition und Subtraktion ungleicher Brüche

Arbeitsbogen Nr. 10
Lösung

Achte auf den richtigen Hauptnenner! | Ergebnis gekürzt (falls möglich) | gemischte Zahl

a) $\frac{7}{16} + \frac{3}{4} = \frac{7}{16} + \frac{12}{16} = \frac{19}{16} = \frac{19}{16} = 1\frac{3}{16}$

b) $\frac{4}{5} + \frac{8}{20} = \frac{16}{20} + \frac{8}{20} = \frac{24}{20} = \frac{6}{5} = 1\frac{1}{5}$

c) $\frac{2}{3} + \frac{6}{7} = \frac{14}{21} + \frac{18}{21} = \frac{32}{21} = \frac{32}{21} = 1\frac{11}{21}$

d) $\frac{26}{30} - \frac{4}{5} = \frac{26}{30} - \frac{24}{30} = \frac{2}{30} = \frac{1}{15}$

e) $\frac{6}{8} - \frac{2}{3} = \frac{18}{24} - \frac{16}{24} = \frac{2}{24} = \frac{1}{12}$

f) $\frac{8}{9} - \frac{2}{3} = \frac{8}{9} - \frac{6}{9} = \frac{2}{9}$

Multiplikation und Division von Brüchen

Arbeitsbogen Nr. 1
Aufgabe

Multiplikation von Brüchen

erstes Ergebnis | Ergebnis gekürzt

a) $\frac{2}{3} \cdot \frac{4}{6} = \underline{\qquad} = \underline{\qquad}$

b) $\frac{3}{4} \cdot \frac{4}{7} = \underline{\qquad} = \underline{\qquad}$

c) $\frac{5}{6} \cdot \frac{4}{8} = \underline{\qquad} = \underline{\qquad}$

Division von Brüchen

erstes Ergebnis | Ergebnis gekürzt | gemischte Zahl

d) $\frac{2}{6} : \frac{3}{12} = \underline{\qquad} \cdot \underline{\qquad} = \underline{\qquad} = \underline{\qquad} = \underline{\qquad}$

e) $\frac{4}{5} : \frac{3}{6} = \underline{\qquad} \cdot \underline{\qquad} = \underline{\qquad} = \underline{\qquad} = \underline{\qquad}$

f) $\frac{5}{6} : \frac{1}{2} = \underline{\qquad} \cdot \underline{\qquad} = \underline{\qquad} = \underline{\qquad} = \underline{\qquad}$

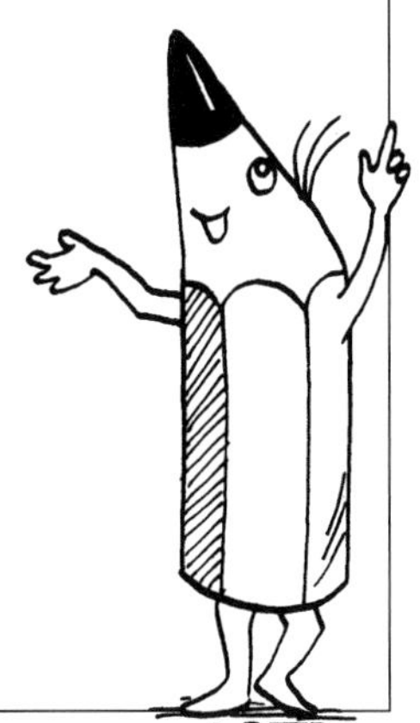

Multiplikation und Division von Brüchen

Arbeitsbogen Nr. 1
Lösung

Multiplikation von Brüchen

erstes Ergebnis | Ergebnis gekürzt

a) $\frac{2}{3} \cdot \frac{4}{6} = \frac{8}{18} = \frac{4}{9}$

b) $\frac{3}{4} \cdot \frac{4}{7} = \frac{12}{28} = \frac{3}{7}$

c) $\frac{5}{6} \cdot \frac{4}{8} = \frac{20}{48} = \frac{5}{12}$

Division von Brüchen

erstes Ergebnis | Ergebnis gekürzt | gemischte Zahl

d) $\frac{2}{6} : \frac{3}{12} = \frac{2}{6} \cdot \frac{12}{3} = \frac{24}{18} = \frac{4}{3} = 1\frac{1}{3}$

e) $\frac{4}{5} : \frac{3}{6} = \frac{4}{5} \cdot \frac{6}{3} = \frac{24}{15} = \frac{8}{5} = 1\frac{3}{5}$

f) $\frac{5}{6} : \frac{1}{2} = \frac{5}{6} \cdot \frac{2}{1} = \frac{10}{6} = \frac{5}{3} = 1\frac{2}{3}$

Multiplikation und Division von Brüchen

Arbeitsbogen Nr. 2
Aufgabe

Multiplikation von Brüchen

erstes Ergebnis | Ergebnis gekürzt

a) $\frac{4}{8} \cdot \frac{5}{9} = \_\_\_ = \_\_\_$

b) $\frac{1}{3} \cdot \frac{6}{4} = \_\_\_ = \_\_\_$

c) $\frac{3}{5} \cdot \frac{2}{6} = \_\_\_ = \_\_\_$

Division von Brüchen

erstes Ergebnis | Ergebnis gekürzt | gemischte Zahl

d) $\frac{4}{5} : \frac{2}{6} = \_\_\_ \cdot \_\_\_ = \_\_\_ = \_\_\_ = \_\_\_$

e) $\frac{4}{4} : \frac{6}{8} = \_\_\_ \cdot \_\_\_ = \_\_\_ = \_\_\_ = \_\_\_$

f) $\frac{7}{8} : \frac{2}{3} = \_\_\_ \cdot \_\_\_ = \_\_\_ = \_\_\_ = \_\_\_$

Multiplikation und Division von Brüchen

Arbeitsbogen Nr. 2
Lösung

Multiplikation von Brüchen

erstes Ergebnis | Ergebnis gekürzt

a) $\frac{4}{8} \cdot \frac{5}{9} = \frac{20}{72} = \frac{5}{18}$

b) $\frac{1}{3} \cdot \frac{6}{4} = \frac{6}{12} = \frac{1}{2}$

c) $\frac{3}{5} \cdot \frac{2}{6} = \frac{6}{30} = \frac{1}{5}$

Division von Brüchen

erstes Ergebnis | Ergebnis gekürzt | gemischte Zahl

d) $\frac{4}{5} : \frac{2}{6} = \frac{4}{5} \cdot \frac{6}{2} = \frac{24}{10} = \frac{12}{5} = 2\frac{2}{5}$

e) $\frac{4}{4} : \frac{6}{8} = \frac{4}{4} \cdot \frac{8}{6} = \frac{32}{24} = \frac{4}{3} = 1\frac{1}{3}$

f) $\frac{7}{8} : \frac{2}{3} = \frac{7}{8} \cdot \frac{3}{2} = \frac{21}{16} = \frac{21}{16} = 1\frac{5}{16}$

Multiplikation und Division von Brüchen

Arbeitsbogen Nr. 3
Aufgabe

Multiplikation von Brüchen

		erstes Ergebnis	Ergebnis gekürzt
a)	$\frac{7}{10} \cdot \frac{4}{6}$ =	____ =	____
b)	$\frac{4}{6} \cdot \frac{4}{5}$ =	____ =	____
c)	$\frac{2}{4} \cdot \frac{7}{8}$ =	____ =	____

Division von Brüchen

			erstes Ergebnis	Ergebnis gekürzt	gemischte Zahl
d)	$\frac{5}{8} : \frac{6}{12}$ =	____ · ____ =	____ =	____ =	____
e)	$\frac{4}{5} : \frac{8}{12}$ =	____ · ____ =	____ =	____ =	____
f)	$\frac{10}{12} : \frac{2}{5}$ =	____ · ____ =	____ =	____ =	____

Multiplikation und Division von Brüchen

Arbeitsbogen Nr. 3
Lösung

Multiplikation von Brüchen

		erstes Ergebnis	Ergebnis gekürzt
a)	$\frac{7}{10} \cdot \frac{4}{6}$ =	$\frac{28}{60}$ =	$\frac{7}{15}$
b)	$\frac{4}{6} \cdot \frac{4}{5}$ =	$\frac{16}{30}$ =	$\frac{8}{15}$
c)	$\frac{2}{4} \cdot \frac{7}{8}$ =	$\frac{14}{32}$ =	$\frac{7}{16}$

Division von Brüchen

			erstes Ergebnis	Ergebnis gekürzt	gemischte Zahl
d)	$\frac{5}{8} : \frac{6}{12}$ =	$\frac{5}{8} \cdot \frac{12}{6}$ =	$\frac{60}{48}$ =	$\frac{5}{4}$ =	$1\frac{1}{4}$
e)	$\frac{4}{5} : \frac{8}{12}$ =	$\frac{4}{5} \cdot \frac{12}{8}$ =	$\frac{48}{40}$ =	$\frac{6}{5}$ =	$1\frac{1}{5}$
f)	$\frac{10}{12} : \frac{2}{5}$ =	$\frac{10}{12} \cdot \frac{5}{2}$ =	$\frac{50}{24}$ =	$\frac{25}{12}$ =	$2\frac{1}{12}$

Multiplikation und Division von Brüchen

Arbeitsbogen Nr. 4
Aufgabe

Multiplikation von Brüchen

erstes Ergebnis | Ergebnis gekürzt

a) $\frac{4}{7} \cdot \frac{7}{8} = \_\_\_ = \_\_\_$

b) $\frac{8}{12} \cdot \frac{2}{3} = \_\_\_ = \_\_\_$

c) $\frac{4}{6} \cdot \frac{8}{10} = \_\_\_ = \_\_\_$

Division von Brüchen

erstes Ergebnis | Ergebnis gekürzt | gemischte Zahl

d) $\frac{8}{9} : \frac{3}{6} = \_\_\_ \cdot \_\_\_ = \_\_\_ = \_\_\_ = \_\_\_$

e) $\frac{8}{10} : \frac{3}{8} = \_\_\_ \cdot \_\_\_ = \_\_\_ = \_\_\_ = \_\_\_$

f) $\frac{6}{4} : \frac{3}{5} = \_\_\_ \cdot \_\_\_ = \_\_\_ = \_\_\_ = \_\_\_$

Multiplikation und Division von Brüchen

Arbeitsbogen Nr. 4
Lösung

Multiplikation von Brüchen

erstes Ergebnis | Ergebnis gekürzt

a) $\frac{4}{7} \cdot \frac{7}{8} = \frac{28}{56} = \frac{1}{2}$

b) $\frac{8}{12} \cdot \frac{2}{3} = \frac{16}{36} = \frac{4}{9}$

c) $\frac{4}{6} \cdot \frac{8}{10} = \frac{32}{60} = \frac{8}{15}$

Division von Brüchen

erstes Ergebnis | Ergebnis gekürzt | gemischte Zahl

d) $\frac{8}{9} : \frac{3}{6} = \frac{8}{9} \cdot \frac{6}{3} = \frac{48}{27} = \frac{16}{9} = 1\frac{7}{9}$

e) $\frac{8}{10} : \frac{3}{8} = \frac{8}{10} \cdot \frac{8}{3} = \frac{64}{30} = \frac{32}{15} = 2\frac{2}{15}$

f) $\frac{6}{4} : \frac{3}{5} = \frac{6}{4} \cdot \frac{5}{3} = \frac{30}{12} = \frac{5}{2} = 2\frac{1}{2}$

Multiplikation und Division von Brüchen

Arbeitsbogen Nr. 5
Aufgabe

Multiplikation von Brüchen

(erstes Ergebnis) (Ergebnis gekürzt)

a) $\frac{8}{10} \cdot \frac{2}{4} = \_\_\_\_ = \_\_\_\_$

b) $\frac{12}{15} \cdot \frac{2}{3} = \_\_\_\_ = \_\_\_\_$

c) $\frac{5}{11} \cdot \frac{2}{4} = \_\_\_\_ = \_\_\_\_$

Division von Brüchen

(erstes Ergebnis) (Ergebnis gekürzt) (gemischte Zahl)

d) $\frac{6}{7} : \frac{4}{10} = \_\_\_\_ \cdot \_\_\_\_ = \_\_\_\_ = \_\_\_\_ = \_\_\_\_$

e) $\frac{9}{12} : \frac{4}{6} = \_\_\_\_ \cdot \_\_\_\_ = \_\_\_\_ = \_\_\_\_ = \_\_\_\_$

f) $\frac{15}{5} : \frac{4}{6} = \_\_\_\_ \cdot \_\_\_\_ = \_\_\_\_ = \_\_\_\_ = \_\_\_\_$

Multiplikation und Division von Brüchen

Arbeitsbogen Nr. 5
Lösung

Multiplikation von Brüchen

(erstes Ergebnis) (Ergebnis gekürzt)

a) $\frac{8}{10} \cdot \frac{2}{4} = \frac{16}{40} = \frac{2}{5}$

b) $\frac{12}{15} \cdot \frac{2}{3} = \frac{24}{45} = \frac{8}{15}$

c) $\frac{5}{11} \cdot \frac{2}{4} = \frac{10}{44} = \frac{5}{22}$

Division von Brüchen

(erstes Ergebnis) (Ergebnis gekürzt) (gemischte Zahl)

d) $\frac{6}{7} : \frac{4}{10} = \frac{6}{7} \cdot \frac{10}{4} = \frac{60}{28} = \frac{15}{7} = 2\frac{1}{7}$

e) $\frac{9}{12} : \frac{4}{6} = \frac{9}{12} \cdot \frac{6}{4} = \frac{54}{48} = \frac{9}{8} = 1\frac{1}{8}$

f) $\frac{15}{5} : \frac{4}{6} = \frac{15}{5} \cdot \frac{6}{4} = \frac{90}{20} = \frac{9}{2} = 4\frac{1}{2}$

Multiplikation und Division von Brüchen

Arbeitsbogen Nr. 6
Aufgabe

Multiplikation von Brüchen

erstes Ergebnis | Ergebnis gekürzt

a) $\frac{3}{4} \cdot \frac{6}{9} = \_\_\_ = \_\_\_$

b) $\frac{5}{10} \cdot \frac{4}{5} = \_\_\_ = \_\_\_$

c) $\frac{8}{12} \cdot \frac{3}{6} = \_\_\_ = \_\_\_$

Division von Brüchen

erstes Ergebnis | Ergebnis gekürzt | gemischte Zahl

d) $\frac{8}{10} : \frac{6}{8} = \_\_\_ \cdot \_\_\_ = \_\_\_ = \_\_\_ = \_\_\_$

e) $\frac{4}{5} : \frac{3}{12} = \_\_\_ \cdot \_\_\_ = \_\_\_ = \_\_\_ = \_\_\_$

f) $\frac{4}{6} : \frac{2}{14} = \_\_\_ \cdot \_\_\_ = \_\_\_ = \_\_\_ = \_\_\_$

Multiplikation und Division von Brüchen

Arbeitsbogen Nr. 6
Lösung

Multiplikation von Brüchen

erstes Ergebnis | Ergebnis gekürzt

a) $\frac{3}{4} \cdot \frac{6}{9} = \frac{18}{36} = \frac{1}{2}$

b) $\frac{5}{10} \cdot \frac{4}{5} = \frac{20}{50} = \frac{2}{5}$

c) $\frac{8}{12} \cdot \frac{3}{6} = \frac{24}{72} = \frac{1}{3}$

Division von Brüchen

erstes Ergebnis | Ergebnis gekürzt | gemischte Zahl

d) $\frac{8}{10} : \frac{6}{8} = \frac{8}{10} \cdot \frac{8}{6} = \frac{64}{60} = \frac{16}{15} = 1\frac{1}{15}$

e) $\frac{4}{5} : \frac{3}{12} = \frac{4}{5} \cdot \frac{12}{3} = \frac{48}{15} = \frac{16}{5} = 3\frac{1}{5}$

f) $\frac{4}{6} : \frac{2}{14} = \frac{4}{6} \cdot \frac{14}{2} = \frac{56}{12} = \frac{14}{3} = 4\frac{2}{3}$

Multiplikation und Division von Brüchen

Arbeitsbogen Nr. 7
Aufgabe

Multiplikation von Brüchen

(erstes Ergebnis) (Ergebnis gekürzt)

a) $\frac{8}{9} \cdot \frac{2}{4} = \_\_\_\_ = \_\_\_\_$

b) $\frac{3}{15} \cdot \frac{2}{3} = \_\_\_\_ = \_\_\_\_$

c) $\frac{12}{15} \cdot \frac{3}{4} = \_\_\_\_ = \_\_\_\_$

Division von Brüchen

(erstes Ergebnis) (Ergebnis gekürzt) (gemischte Zahl)

d) $\frac{6}{15} : \frac{3}{10} = \_\_\_\_ \cdot \_\_\_\_ = \_\_\_\_ = \_\_\_\_ = \_\_\_\_$

e) $\frac{4}{8} : \frac{2}{9} = \_\_\_\_ \cdot \_\_\_\_ = \_\_\_\_ = \_\_\_\_ = \_\_\_\_$

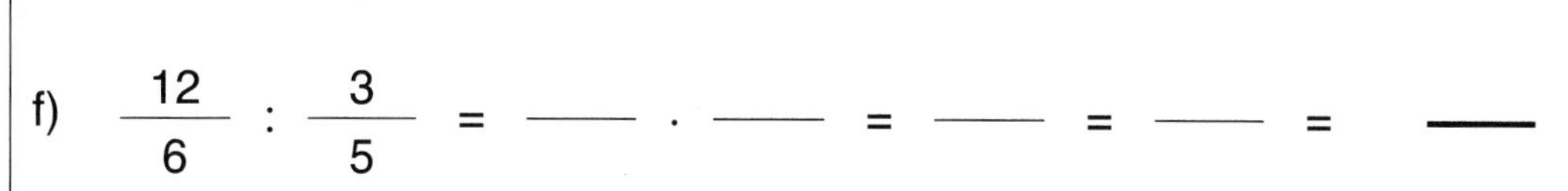

f) $\frac{12}{6} : \frac{3}{5} = \_\_\_\_ \cdot \_\_\_\_ = \_\_\_\_ = \_\_\_\_ = \_\_\_\_$

Multiplikation und Division von Brüchen

Arbeitsbogen Nr. 7
Lösung

Multiplikation von Brüchen

(erstes Ergebnis) (Ergebnis gekürzt)

a) $\frac{8}{9} \cdot \frac{2}{4} = \frac{16}{36} = \frac{4}{9}$

b) $\frac{3}{15} \cdot \frac{2}{3} = \frac{6}{45} = \frac{2}{15}$

c) $\frac{12}{15} \cdot \frac{3}{4} = \frac{36}{60} = \frac{3}{5}$

Division von Brüchen

(erstes Ergebnis) (Ergebnis gekürzt) (gemischte Zahl)

d) $\frac{6}{15} : \frac{3}{10} = \frac{6}{15} \cdot \frac{10}{3} = \frac{60}{45} = \frac{4}{3} = 1\frac{1}{3}$

e) $\frac{4}{8} : \frac{2}{9} = \frac{4}{8} \cdot \frac{9}{2} = \frac{36}{16} = \frac{9}{4} = 2\frac{1}{4}$

f) $\frac{12}{6} : \frac{3}{5} = \frac{12}{6} \cdot \frac{5}{3} = \frac{60}{18} = \frac{10}{3} = 3\frac{1}{3}$

Multiplikation und Division von Brüchen

Arbeitsbogen Nr. 8
Aufgabe

Multiplikation von Brüchen

erstes Ergebnis | Ergebnis gekürzt

a) $\frac{5}{6} \cdot \frac{4}{6} = \_\_\_ = \_\_\_$

b) $\frac{4}{8} \cdot \frac{6}{5} = \_\_\_ = \_\_\_$

c) $\frac{8}{10} \cdot \frac{6}{8} = \_\_\_ = \_\_\_$

Division von Brüchen

erstes Ergebnis | Ergebnis gekürzt | gemischte Zahl

d) $\frac{8}{12} : \frac{2}{10} = \_\_\_ \cdot \_\_\_ = \_\_\_ = \_\_\_ = \_\_\_$

e) $\frac{3}{4} : \frac{2}{6} = \_\_\_ \cdot \_\_\_ = \_\_\_ = \_\_\_ = \_\_\_$

f) $\frac{18}{20} : \frac{2}{4} = \_\_\_ \cdot \_\_\_ = \_\_\_ = \_\_\_ = \_\_\_$

Multiplikation und Division von Brüchen

Arbeitsbogen Nr. 8
Lösung

Multiplikation von Brüchen

erstes Ergebnis | Ergebnis gekürzt

a) $\frac{5}{6} \cdot \frac{4}{6} = \frac{20}{36} = \frac{5}{9}$

b) $\frac{4}{8} \cdot \frac{6}{5} = \frac{24}{40} = \frac{3}{5}$

c) $\frac{8}{10} \cdot \frac{6}{8} = \frac{48}{80} = \frac{3}{5}$

Division von Brüchen

erstes Ergebnis | Ergebnis gekürzt | gemischte Zahl

d) $\frac{8}{12} : \frac{2}{10} = \frac{8}{12} \cdot \frac{10}{2} = \frac{80}{24} = \frac{10}{3} = 3\frac{1}{3}$

e) $\frac{3}{4} : \frac{2}{6} = \frac{3}{4} \cdot \frac{6}{2} = \frac{18}{8} = \frac{9}{4} = 2\frac{1}{4}$

f) $\frac{18}{20} : \frac{2}{4} = \frac{18}{20} \cdot \frac{4}{2} = \frac{72}{40} = \frac{9}{5} = 1\frac{4}{5}$

Multiplikation und Division von Brüchen

Arbeitsbogen Nr. 9
Aufgabe

Multiplikation von Brüchen

erstes Ergebnis | Ergebnis gekürzt

a) $\frac{4}{12} \cdot \frac{4}{6} = \_\_\_\_ = \_\_\_\_$

b) $\frac{3}{15} \cdot \frac{3}{4} = \_\_\_\_ = \_\_\_\_$

c) $\frac{8}{11} \cdot \frac{3}{4} = \_\_\_\_ = \_\_\_\_$

Division von Brüchen

erstes Ergebnis | Ergebnis gekürzt | gemischte Zahl

d) $\frac{9}{12} : \frac{2}{6} = \_\_\_\_ \cdot \_\_\_\_ = \_\_\_\_ = \_\_\_\_ = \_\_\_\_$

e) $\frac{5}{6} : \frac{3}{12} = \_\_\_\_ \cdot \_\_\_\_ = \_\_\_\_ = \_\_\_\_ = \_\_\_\_$

f) $\frac{18}{20} : \frac{2}{4} = \_\_\_\_ \cdot \_\_\_\_ = \_\_\_\_ = \_\_\_\_ = \_\_\_\_$

Multiplikation und Division von Brüchen

Arbeitsbogen Nr. 9
Lösung

Multiplikation von Brüchen

erstes Ergebnis | Ergebnis gekürzt

a) $\frac{4}{12} \cdot \frac{4}{6} = \frac{16}{72} = \frac{2}{9}$

b) $\frac{3}{15} \cdot \frac{3}{4} = \frac{9}{60} = \frac{3}{20}$

c) $\frac{8}{11} \cdot \frac{3}{4} = \frac{24}{44} = \frac{6}{11}$

Division von Brüchen

erstes Ergebnis | Ergebnis gekürzt | gemischte Zahl

d) $\frac{9}{12} : \frac{2}{6} = \frac{9}{12} \cdot \frac{6}{2} = \frac{54}{24} = \frac{9}{4} = 2\frac{1}{4}$

e) $\frac{5}{6} : \frac{3}{12} = \frac{5}{6} \cdot \frac{12}{3} = \frac{60}{18} = \frac{10}{3} = 3\frac{1}{3}$

f) $\frac{18}{20} : \frac{2}{4} = \frac{18}{20} \cdot \frac{4}{2} = \frac{72}{40} = \frac{9}{5} = 1\frac{4}{5}$

Multiplikation und Division von Brüchen

Arbeitsbogen Nr. 10
Aufgabe

Multiplikation von Brüchen

erstes Ergebnis | Ergebnis gekürzt

a) $\frac{3}{6} \cdot \frac{4}{12} = \_\_\_ = \_\_\_$

b) $\frac{7}{8} \cdot \frac{2}{3} = \_\_\_ = \_\_\_$

c) $\frac{5}{8} \cdot \frac{2}{3} = \_\_\_ = \_\_\_$

Division von Brüchen

erstes Ergebnis | Ergebnis gekürzt | gemischte Zahl

d) $\frac{8}{11} : \frac{2}{12} = \_\_\_ \cdot \_\_\_ = \_\_\_ = \_\_\_ = \_\_\_$

e) $\frac{9}{15} : \frac{2}{11} = \_\_\_ \cdot \_\_\_ = \_\_\_ = \_\_\_ = \_\_\_$

f) $\frac{4}{5} : \frac{3}{12} = \_\_\_ \cdot \_\_\_ = \_\_\_ = \_\_\_ = \_\_\_$

Multiplikation und Division von Brüchen

Arbeitsbogen Nr. 10
Lösung

Multiplikation von Brüchen

erstes Ergebnis | Ergebnis gekürzt

a) $\frac{3}{6} \cdot \frac{4}{12} = \frac{12}{72} = \frac{1}{6}$

b) $\frac{7}{8} \cdot \frac{2}{3} = \frac{14}{24} = \frac{7}{12}$

c) $\frac{5}{8} \cdot \frac{2}{3} = \frac{10}{24} = \frac{5}{12}$

Division von Brüchen

erstes Ergebnis | Ergebnis gekürzt | gemischte Zahl

d) $\frac{8}{11} : \frac{2}{12} = \frac{8}{11} \cdot \frac{12}{2} = \frac{96}{22} = \frac{48}{11} = 4\frac{4}{11}$

e) $\frac{9}{15} : \frac{2}{11} = \frac{9}{15} \cdot \frac{11}{2} = \frac{99}{30} = \frac{33}{10} = 3\frac{3}{10}$

f) $\frac{4}{5} : \frac{3}{12} = \frac{4}{5} \cdot \frac{12}{3} = \frac{48}{15} = \frac{16}{5} = 3\frac{1}{5}$

Umrechnung von Brüchen

Arbeitsbogen Nr. 1
Aufgabe

Umwandlung von gemischten Zahlen in einen unechten Bruch

$4\frac{3}{4} = \_\_\_$ $2\frac{4}{5} = \_\_\_$ $6\frac{3}{7} = \_\_\_$ $10\frac{2}{6} = \_\_\_$

$11\frac{2}{3} = \_\_\_$ $7\frac{5}{7} = \_\_\_$ $4\frac{9}{11} = \_\_\_$ $6\frac{2}{5} = \_\_\_$

Umwandlung eines unechten Bruches in eine gemischte Zahl

$\frac{26}{5} = \_\_\_$ $\frac{24}{7} = \_\_\_$ $\frac{23}{4} = \_\_\_$ $\frac{16}{6} = \_\_\_$

$\frac{8}{3} = \_\_\_$ $\frac{9}{4} = \_\_\_$ $\frac{19}{7} = \_\_\_$ $\frac{18}{7} = \_\_\_$

Umrechnung von Brüchen

Arbeitsbogen Nr. 1
Lösung

Umwandlung von gemischten Zahlen in einen unechten Bruch

$4\frac{3}{4} = \frac{19}{4}$ $2\frac{4}{5} = \frac{14}{5}$ $6\frac{3}{7} = \frac{45}{7}$ $10\frac{2}{6} = \frac{62}{6}$

$11\frac{2}{3} = \frac{35}{3}$ $7\frac{5}{7} = \frac{54}{7}$ $4\frac{9}{11} = \frac{53}{11}$ $6\frac{2}{5} = \frac{32}{5}$

Umwandlung eines unechten Bruches in eine gemischte Zahl

$\frac{26}{5} = 5\frac{1}{5}$ $\frac{24}{7} = 3\frac{3}{7}$ $\frac{23}{4} = 5\frac{3}{4}$ $\frac{16}{6} = 2\frac{4}{6}$

$\frac{8}{3} = 2\frac{2}{3}$ $\frac{9}{4} = 2\frac{1}{4}$ $\frac{19}{7} = 2\frac{5}{7}$ $\frac{18}{7} = 2\frac{4}{7}$

Umrechnung von Brüchen

Arbeitsbogen Nr. 2
Aufgabe

Umwandlung von gemischten Zahlen in einen unechten Bruch

$10\frac{4}{6} = \_\_\_$ $5\frac{4}{7} = \_\_\_$ $8\frac{2}{3} = \_\_\_$ $11\frac{3}{4} = \_\_\_$

$9\frac{2}{9} = \_\_\_$ $6\frac{5}{8} = \_\_\_$ $7\frac{5}{10} = \_\_\_$ $3\frac{3}{6} = \_\_\_$

Umwandlung eines unechten Bruches in eine gemischte Zahl

$\frac{17}{2} = \square\frac{}{}$ $\frac{21}{4} = \square\frac{}{}$ $\frac{45}{7} = \square\frac{}{}$ $\frac{29}{3} = \square\frac{}{}$

$\frac{19}{4} = \square\frac{}{}$ $\frac{23}{9} = \square\frac{}{}$ $\frac{82}{8} = \square\frac{}{}$ $\frac{47}{11} = \square\frac{}{}$

Umrechnung von Brüchen

Arbeitsbogen Nr. 2
Lösung

Umwandlung von gemischten Zahlen in einen unechten Bruch

$10\frac{4}{6} = \frac{64}{6}$ $5\frac{4}{7} = \frac{39}{7}$ $8\frac{2}{3} = \frac{26}{3}$ $11\frac{3}{4} = \frac{47}{4}$

$9\frac{2}{9} = \frac{83}{9}$ $6\frac{5}{8} = \frac{53}{8}$ $7\frac{5}{10} = \frac{75}{10}$ $3\frac{3}{6} = \frac{21}{6}$

Umwandlung eines unechten Bruches in eine gemischte Zahl

$\frac{17}{2} = 8\frac{1}{2}$ $\frac{21}{4} = 5\frac{1}{4}$ $\frac{45}{7} = 6\frac{3}{7}$ $\frac{29}{3} = 9\frac{2}{3}$

$\frac{19}{4} = 4\frac{3}{4}$ $\frac{23}{9} = 2\frac{5}{9}$ $\frac{82}{8} = 10\frac{2}{8}$ $\frac{47}{11} = 4\frac{3}{11}$

Umrechnung von Brüchen

Arbeitsbogen Nr. 3
Aufgabe

Umwandlung von gemischten Zahlen in einen unechten Bruch

$9\frac{3}{7} = \rule{1cm}{0.4pt}$ $\quad 4\frac{2}{6} = \rule{1cm}{0.4pt}$ $\quad 10\frac{7}{9} = \rule{1cm}{0.4pt}$ $\quad 8\frac{1}{7} = \rule{1cm}{0.4pt}$

$11\frac{3}{5} = \rule{1cm}{0.4pt}$ $\quad 7\frac{2}{9} = \rule{1cm}{0.4pt}$ $\quad 5\frac{2}{3} = \rule{1cm}{0.4pt}$ $\quad 6\frac{4}{8} = \rule{1cm}{0.4pt}$

Umwandlung eines unechten Bruches in eine gemischte Zahl

$\frac{65}{8} = \square\rule{0.6cm}{0.4pt}$ $\quad \frac{43}{5} = \square\rule{0.6cm}{0.4pt}$ $\quad \frac{91}{8} = \square\rule{0.6cm}{0.4pt}$ $\quad \frac{32}{6} = \square\rule{0.6cm}{0.4pt}$

$\frac{28}{9} = \square\rule{0.6cm}{0.4pt}$ $\quad \frac{52}{6} = \square\rule{0.6cm}{0.4pt}$ $\quad \frac{73}{7} = \square\rule{0.6cm}{0.4pt}$ $\quad \frac{69}{11} = \square\rule{0.6cm}{0.4pt}$

Umrechnung von Brüchen

Arbeitsbogen Nr. 3
Lösung

Umwandlung von gemischten Zahlen in einen unechten Bruch

$9\frac{3}{7} = \frac{66}{7}$ $\quad 4\frac{2}{6} = \frac{26}{6}$ $\quad 10\frac{7}{9} = \frac{97}{9}$ $\quad 8\frac{1}{7} = \frac{57}{7}$

$11\frac{3}{5} = \frac{58}{5}$ $\quad 7\frac{2}{9} = \frac{65}{9}$ $\quad 5\frac{2}{3} = \frac{17}{3}$ $\quad 6\frac{4}{8} = \frac{52}{8}$

Umwandlung eines unechten Bruches in eine gemischte Zahl

$\frac{65}{8} = 8\frac{1}{8}$ $\quad \frac{43}{5} = 8\frac{3}{5}$ $\quad \frac{91}{8} = 11\frac{3}{8}$ $\quad \frac{32}{6} = 5\frac{2}{6}$

$\frac{28}{9} = 3\frac{1}{9}$ $\quad \frac{52}{6} = 8\frac{4}{6}$ $\quad \frac{73}{7} = 10\frac{3}{7}$ $\quad \frac{69}{11} = 6\frac{3}{11}$

Umrechnung von Brüchen

Arbeitsbogen Nr. 4
Aufgabe

Umwandlung von gemischten Zahlen in einen unechten Bruch

$8\frac{2}{5} = \_\_\_$ $3\frac{1}{7} = \_\_\_$ $11\frac{3}{4} = \_\_\_$ $6\frac{3}{6} = \_\_\_$

$7\frac{4}{7} = \_\_\_$ $6\frac{8}{9} = \_\_\_$ $9\frac{5}{8} = \_\_\_$ $12\frac{2}{5} = \_\_\_$

Umwandlung eines unechten Bruches in eine gemischte Zahl

$\frac{73}{6} = \square\frac{}{}$ $\frac{44}{6} = \square\frac{}{}$ $\frac{28}{12} = \square\frac{}{}$ $\frac{55}{8} = \square\frac{}{}$

$\frac{26}{7} = \square\frac{}{}$ $\frac{52}{6} = \square\frac{}{}$ $\frac{69}{8} = \square\frac{}{}$ $\frac{79}{10} = \square\frac{}{}$

Umrechnung von Brüchen

Arbeitsbogen Nr. 4
Lösung

Umwandlung von gemischten Zahlen in einen unechten Bruch

$8\frac{2}{5} = \frac{42}{5}$ $3\frac{1}{7} = \frac{22}{7}$ $11\frac{3}{4} = \frac{47}{4}$ $6\frac{3}{6} = \frac{39}{6}$

$7\frac{4}{7} = \frac{53}{7}$ $6\frac{8}{9} = \frac{62}{9}$ $9\frac{5}{8} = \frac{77}{8}$ $12\frac{2}{5} = \frac{62}{5}$

Umwandlung eines unechten Bruches in eine gemischte Zahl

$\frac{73}{6} = 12\frac{1}{6}$ $\frac{44}{6} = 7\frac{2}{6}$ $\frac{28}{12} = 2\frac{4}{12}$ $\frac{55}{8} = 6\frac{7}{8}$

$\frac{26}{7} = 3\frac{5}{7}$ $\frac{52}{6} = 8\frac{4}{6}$ $\frac{69}{8} = 8\frac{5}{8}$ $\frac{79}{10} = 7\frac{9}{10}$

Umrechnung von Brüchen

Arbeitsbogen Nr. 5
Aufgabe

Umwandlung von gemischten Zahlen in einen unechten Bruch

$11\frac{1}{3} = \_\_\_$ $4\frac{4}{8} = \_\_\_$ $10\frac{2}{4} = \_\_\_$ $3\frac{5}{7} = \_\_\_$

$9\frac{2}{4} = \_\_\_$ $7\frac{5}{9} = \_\_\_$ $8\frac{4}{7} = \_\_\_$ $15\frac{2}{3} = \_\_\_$

Umwandlung eines unechten Bruches in eine gemischte Zahl

$\frac{99}{10} = \square\frac{\ }{\ }$ $\frac{19}{3} = \square\frac{\ }{\ }$ $\frac{67}{11} = \square\frac{\ }{\ }$ $\frac{72}{7} = \square\frac{\ }{\ }$

$\frac{28}{8} = \square\frac{\ }{\ }$ $\frac{45}{8} = \square\frac{\ }{\ }$ $\frac{94}{10} = \square\frac{\ }{\ }$ $\frac{32}{5} = \square\frac{\ }{\ }$

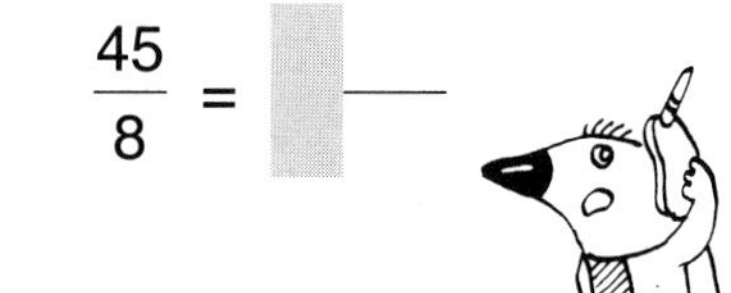

Umrechnung von Brüchen

Arbeitsbogen Nr. 5
Lösung

Umwandlung von gemischten Zahlen in einen unechten Bruch

$11\frac{1}{3} = \frac{34}{3}$ $4\frac{4}{8} = \frac{36}{8}$ $10\frac{2}{4} = \frac{42}{4}$ $3\frac{5}{7} = \frac{26}{7}$

$9\frac{2}{4} = \frac{38}{4}$ $7\frac{5}{9} = \frac{68}{9}$ $8\frac{4}{7} = \frac{60}{7}$ $15\frac{2}{3} = \frac{47}{3}$

Umwandlung eines unechten Bruches in eine gemischte Zahl

$\frac{99}{10} = 9\frac{9}{10}$ $\frac{19}{3} = 6\frac{1}{3}$ $\frac{67}{11} = 6\frac{1}{11}$ $\frac{72}{7} = 10\frac{2}{7}$

$\frac{28}{8} = 3\frac{4}{8}$ $\frac{45}{8} = 5\frac{5}{8}$ $\frac{94}{10} = 9\frac{4}{10}$ $\frac{32}{5} = 6\frac{2}{5}$

Umrechnung von Brüchen

Arbeitsbogen Nr. 6
Aufgabe

Umwandlung von gemischten Zahlen in einen unechten Bruch

$9\frac{4}{5} = \_\_\_$ $\quad 8\frac{2}{3} = \_\_\_$ $\quad 11\frac{6}{8} = \_\_\_$ $\quad 4\frac{3}{11} = \_\_\_$

$7\frac{3}{9} = \_\_\_$ $\quad 6\frac{4}{7} = \_\_\_$ $\quad 5\frac{2}{9} = \_\_\_$ $\quad 11\frac{4}{5} = \_\_\_$

Umwandlung eines unechten Bruches in eine gemischte Zahl

$\frac{87}{11} = \square\frac{\ }{\ }$ $\quad \frac{22}{4} = \square\frac{\ }{\ }$ $\quad \frac{75}{11} = \square\frac{\ }{\ }$ $\quad \frac{46}{5} = \square\frac{\ }{\ }$

$\frac{31}{7} = \square\frac{\ }{\ }$ $\quad \frac{63}{8} = \square\frac{\ }{\ }$ $\quad \frac{90}{8} = \square\frac{\ }{\ }$ $\quad \frac{30}{8} = \square\frac{\ }{\ }$

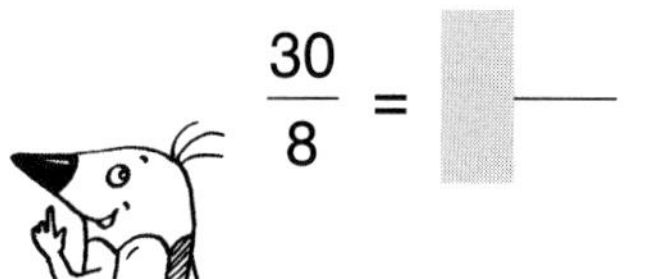

Umrechnung von Brüchen

Arbeitsbogen Nr. 6
Lösung

Umwandlung von gemischten Zahlen in einen unechten Bruch

$9\frac{4}{5} = \frac{49}{5}$ $\quad 8\frac{2}{3} = \frac{26}{3}$ $\quad 11\frac{6}{8} = \frac{94}{8}$ $\quad 4\frac{3}{11} = \frac{47}{11}$

$7\frac{3}{9} = \frac{66}{9}$ $\quad 6\frac{4}{7} = \frac{46}{7}$ $\quad 5\frac{2}{9} = \frac{47}{9}$ $\quad 11\frac{4}{5} = \frac{59}{5}$

Umwandlung eines unechten Bruches in eine gemischte Zahl

$\frac{87}{11} = 7\frac{10}{11}$ $\quad \frac{22}{4} = 5\frac{2}{4}$ $\quad \frac{75}{11} = 6\frac{9}{11}$ $\quad \frac{46}{5} = 9\frac{1}{5}$

$\frac{31}{7} = 4\frac{3}{7}$ $\quad \frac{63}{8} = 7\frac{7}{8}$ $\quad \frac{90}{8} = 11\frac{2}{8}$ $\quad \frac{30}{8} = 3\frac{6}{8}$

Umrechnung von Brüchen

Arbeitsbogen Nr. 7
Aufgabe

Umwandlung von gemischten Zahlen in einen unechten Bruch

$3\frac{2}{3} = \_\_\_$ $6\frac{2}{3} = \_\_\_$ $13\frac{1}{2} = \_\_\_$ $8\frac{4}{9} = \_\_\_$

$9\frac{5}{8} = \_\_\_$ $5\frac{4}{7} = \_\_\_$ $4\frac{2}{11} = \_\_\_$ $12\frac{2}{5} = \_\_\_$

Umwandlung eines unechten Bruches in eine gemischte Zahl

$\frac{66}{12} = \square\frac{}{}$ $\frac{35}{8} = \square\frac{}{}$ $\frac{83}{9} = \square\frac{}{}$ $\frac{50}{6} = \square\frac{}{}$

$\frac{27}{4} = \square\frac{}{}$ $\frac{72}{7} = \square\frac{}{}$ $\frac{83}{11} = \square\frac{}{}$ $\frac{49}{9} = \square\frac{}{}$

Umrechnung von Brüchen

Arbeitsbogen Nr. 7
Lösung

Umwandlung von gemischten Zahlen in einen unechten Bruch

$3\frac{2}{3} = \frac{11}{3}$ $6\frac{2}{3} = \frac{20}{3}$ $13\frac{1}{2} = \frac{27}{2}$ $8\frac{4}{9} = \frac{76}{9}$

$9\frac{5}{8} = \frac{77}{8}$ $5\frac{4}{7} = \frac{39}{7}$ $4\frac{2}{11} = \frac{46}{11}$ $12\frac{2}{5} = \frac{62}{5}$

Umwandlung eines unechten Bruches in eine gemischte Zahl

$\frac{66}{12} = 5\frac{6}{12}$ $\frac{35}{8} = 4\frac{3}{8}$ $\frac{83}{9} = 9\frac{2}{9}$ $\frac{50}{6} = 8\frac{2}{6}$

$\frac{27}{4} = 6\frac{3}{4}$ $\frac{72}{7} = 10\frac{2}{7}$ $\frac{83}{11} = 7\frac{6}{11}$ $\frac{49}{9} = 5\frac{4}{9}$

Umrechnung von Brüchen

Arbeitsbogen Nr. 8
Aufgabe

Umwandlung von gemischten Zahlen in einen unechten Bruch

$6\frac{2}{8} = \_\_\_$ $\quad 12\frac{4}{5} = \_\_\_$ $\quad 8\frac{4}{11} = \_\_\_$ $\quad 15\frac{2}{3} = \_\_\_$

$7\frac{3}{9} = \_\_\_$ $\quad 3\frac{2}{3} = \_\_\_$ $\quad 5\frac{4}{9} = \_\_\_$ $\quad 9\frac{6}{8} = \_\_\_$

Umwandlung eines unechten Bruches in eine gemischte Zahl

$\frac{100}{9} = \square\frac{\_\_}{\_\_}$ $\quad \frac{29}{4} = \square\frac{\_\_}{\_\_}$ $\quad \frac{70}{6} = \square\frac{\_\_}{\_\_}$ $\quad \frac{26}{7} = \square\frac{\_\_}{\_\_}$

$\frac{80}{7} = \square\frac{\_\_}{\_\_}$ $\quad \frac{75}{8} = \square\frac{\_\_}{\_\_}$ $\quad \frac{91}{11} = \square\frac{\_\_}{\_\_}$ $\quad \frac{51}{8} = \square\frac{\_\_}{\_\_}$

Umrechnung von Brüchen

Arbeitsbogen Nr. 8
Lösung

Umwandlung von gemischten Zahlen in einen unechten Bruch

$6\frac{2}{8} = \frac{50}{8}$ $\quad 12\frac{4}{5} = \frac{64}{5}$ $\quad 8\frac{4}{11} = \frac{92}{11}$ $\quad 15\frac{2}{3} = \frac{47}{3}$

$7\frac{3}{9} = \frac{66}{9}$ $\quad 3\frac{2}{3} = \frac{11}{3}$ $\quad 5\frac{4}{9} = \frac{49}{9}$ $\quad 9\frac{6}{8} = \frac{78}{8}$

Umwandlung eines unechten Bruches in eine gemischte Zahl

$\frac{100}{9} = 11\frac{1}{9}$ $\quad \frac{29}{4} = 7\frac{1}{4}$ $\quad \frac{70}{6} = 11\frac{4}{6}$ $\quad \frac{26}{7} = 3\frac{5}{7}$

$\frac{80}{7} = 11\frac{3}{7}$ $\quad \frac{75}{8} = 9\frac{3}{8}$ $\quad \frac{91}{11} = 8\frac{3}{11}$ $\quad \frac{51}{8} = 6\frac{3}{8}$

Umrechnung von Brüchen

Arbeitsbogen Nr. 9
Aufgabe

Umwandlung von gemischten Zahlen in einen unechten Bruch

$10\frac{4}{5} = \_\_\_$ $15\frac{3}{4} = \_\_\_$ $2\frac{12}{13} = \_\_\_$ $11\frac{3}{8} = \_\_\_$

$8\frac{2}{8} = \_\_\_$ $9\frac{5}{6} = \_\_\_$ $7\frac{3}{7} = \_\_\_$ $6\frac{2}{5} = \_\_\_$

Umwandlung eines unechten Bruches in eine gemischte Zahl

$\frac{65}{7} = \_\_\_$ $\frac{44}{7} = \_\_\_$ $\frac{100}{11} = \_\_\_$ $\frac{52}{8} = \_\_\_$

$\frac{26}{3} = \_\_\_$ $\frac{80}{9} = \_\_\_$ $\frac{88}{10} = \_\_\_$ $\frac{42}{5} = \_\_\_$

Umrechnung von Brüchen

Arbeitsbogen Nr. 9
Lösung

Umwandlung von gemischten Zahlen in einen unechten Bruch

$10\frac{4}{5} = \frac{54}{5}$ $15\frac{3}{4} = \frac{63}{4}$ $2\frac{12}{13} = \frac{38}{13}$ $11\frac{3}{8} = \frac{91}{8}$

$8\frac{2}{8} = \frac{66}{8}$ $9\frac{5}{6} = \frac{59}{6}$ $7\frac{3}{7} = \frac{52}{7}$ $6\frac{2}{5} = \frac{32}{5}$

Umwandlung eines unechten Bruches in eine gemischte Zahl

$\frac{65}{7} = 9\frac{2}{7}$ $\frac{44}{7} = 6\frac{2}{7}$ $\frac{100}{11} = 9\frac{1}{11}$ $\frac{52}{8} = 6\frac{4}{8}$

$\frac{26}{3} = 8\frac{2}{3}$ $\frac{80}{9} = 8\frac{8}{9}$ $\frac{88}{10} = 8\frac{8}{10}$ $\frac{42}{5} = 8\frac{2}{5}$

Umrechnung von Brüchen

Arbeitsbogen Nr. 10
Aufgabe

Umwandlung von gemischten Zahlen in einen unechten Bruch

$4\frac{3}{11} = \_\_\_$ $11\frac{2}{5} = \_\_\_$ $3\frac{11}{15} = \_\_\_$ $15\frac{2}{3} = \_\_\_$

$9\frac{6}{8} = \_\_\_$ $6\frac{3}{9} = \_\_\_$ $5\frac{6}{8} = \_\_\_$ $9\frac{4}{8} = \_\_\_$

Umwandlung eines unechten Bruches in eine gemischte Zahl

$\frac{70}{9} = \square\_\_\_$ $\frac{35}{6} = \square\_\_\_$ $\frac{92}{8} = \square\_\_\_$ $\frac{25}{7} = \square\_\_\_$

$\frac{46}{8} = \square\_\_\_$ $\frac{29}{4} = \square\_\_\_$ $\frac{23}{2} = \square\_\_\_$ $\frac{51}{6} = \square\_\_\_$

Umrechnung von Brüchen

Arbeitsbogen Nr. 10
Lösung

Umwandlung von gemischten Zahlen in einen unechten Bruch

$4\frac{3}{11} = \frac{47}{11}$ $11\frac{2}{5} = \frac{57}{5}$ $3\frac{11}{15} = \frac{56}{15}$ $15\frac{2}{3} = \frac{47}{3}$

$9\frac{6}{8} = \frac{78}{8}$ $6\frac{3}{9} = \frac{57}{9}$ $5\frac{6}{8} = \frac{46}{8}$ $9\frac{4}{8} = \frac{76}{8}$

Umwandlung eines unechten Bruches in eine gemischte Zahl

$\frac{70}{9} = 7\frac{7}{9}$ $\frac{35}{6} = 5\frac{5}{6}$ $\frac{92}{8} = 11\frac{4}{8}$ $\frac{25}{7} = 3\frac{4}{7}$

$\frac{46}{8} = 5\frac{6}{8}$ $\frac{29}{4} = 7\frac{1}{4}$ $\frac{23}{2} = 11\frac{1}{2}$ $\frac{51}{6} = 8\frac{3}{6}$

Bruchteile berechnen

Arbeitsbogen Nr. 1
Aufgabe

Aufgabe 1

$\frac{3}{12}$ von 144 = ___ : ___ = ___
___ · ___ = ___

Aufgabe 2

$\frac{4}{8}$ von 288 = ___ : ___ = ___
___ · ___ = ___

Aufgabe 3

$\frac{3}{5}$ von 195 = ___ : ___ = ___
___ · ___ = ___

Aufgabe 4

$\frac{2}{3}$ von 159 = ___ : ___ = ___
___ · ___ = ___

Bruchteile berechnen

Arbeitsbogen Nr. 1
Lösung

Aufgabe 1

$\frac{3}{12}$ von 144 = 144 : 12 = 12
12 · 3 = **36**

anderer Lösungsweg

$\frac{3}{12}$ von 144 = 144 · 3 = 432
432 : 12 = **36**

Aufgabe 2

$\frac{4}{8}$ von 288 = 288 : 8 = 36
36 · 4 = **144**

anderer Lösungsweg

$\frac{4}{8}$ von 288 = 288 · 4 = 1152
1152 : 8 = **144**

Aufgabe 3

$\frac{3}{5}$ von 195 = 195 : 5 = 39
39 · 3 = **117**

anderer Lösungsweg

$\frac{3}{5}$ von 195 = 195 · 3 = 585
585 : 5 = **117**

Aufgabe 4

$\frac{2}{3}$ von 159 = 159 : 3 = 53
53 · 2 = **106**

anderer Lösungsweg

$\frac{2}{3}$ von 159 = 159 · 2 = 318
318 : 3 = **106**

Bruchteile berechnen

Arbeitsbogen Nr. 2
Aufgabe

Aufgabe 1

$\frac{2}{6}$ von 474 = ______ : ____ = ______
______ · ____ = ______

Aufgabe 2

$\frac{3}{4}$ von 372 = ______ : ____ = ______
______ · ____ = ______

Aufgabe 3

$\frac{7}{11}$ von 143 = ______ : ____ = ______
______ · ____ = ______

Aufgabe 4

$\frac{6}{9}$ von 765 = ______ : ____ = ______
______ · ____ = ______

Bruchteile berechnen

Arbeitsbogen Nr. 2
Lösung

Aufgabe 1

$\frac{2}{6}$ von 474 = 474 : 6 = 79
79 · 2 = **158**

anderer Lösungsweg

$\frac{2}{6}$ von 474 = 474 · 2 = 948
948 : 6 = **158**

Aufgabe 2

$\frac{3}{4}$ von 372 = 372 : 4 = 93
93 · 3 = **279**

anderer Lösungsweg

$\frac{3}{4}$ von 372 = 372 · 3 = 1116
1116 : 4 = **279**

Aufgabe 3

$\frac{7}{11}$ von 143 = 143 : 11 = 13
13 · 7 = **91**

anderer Lösungsweg

$\frac{7}{11}$ von 143 = 143 · 7 = 1001
1001 : 11 = **91**

Aufgabe 4

$\frac{6}{9}$ von 765 = 765 : 9 = 85
85 · 6 = **510**

anderer Lösungsweg

$\frac{6}{9}$ von 765 = 765 · 6 = 4590
4590 : 9 = **510**

Bruchteile berechnen

Arbeitsbogen Nr. 3
Aufgabe

Aufgabe 1

$\frac{3}{5}$ von 340 = ____ : ____ = ____

____ · ____ = ____

Aufgabe 2

$\frac{2}{8}$ von 392 = ____ : ____ = ____

____ · ____ = ____

Aufgabe 3

$\frac{5}{6}$ von 456 = ____ : ____ = ____

____ · ____ = ____

Aufgabe 4

$\frac{7}{12}$ von 300 = ____ : ____ = ____

____ · ____ = ____

Bruchteile berechnen

Arbeitsbogen Nr. 3
Lösung

Aufgabe 1

$\frac{3}{5}$ von 340 = 340 : 5 = 68

68 · 3 = **204**

anderer Lösungsweg

$\frac{3}{5}$ von 340 = 340 · 3 = 1020

1020 : 5 = **204**

Aufgabe 2

$\frac{2}{8}$ von 392 = 392 : 8 = 49

49 · 2 = **98**

anderer Lösungsweg

$\frac{2}{8}$ von 392 = 392 · 2 = 784

784 : 8 = **98**

Aufgabe 3

$\frac{5}{6}$ von 456 = 456 : 6 = 76

76 · 5 = **380**

anderer Lösungsweg

$\frac{5}{6}$ von 456 = 456 · 5 = 2280

2280 : 6 = **380**

Aufgabe 4

$\frac{7}{12}$ von 300 = 300 : 12 = 25

25 · 7 = **175**

anderer Lösungsweg

$\frac{7}{12}$ von 300 = 300 · 7 = 2100

2100 : 12 = **175**

Bruchteile berechnen

Arbeitsbogen Nr. 4
Aufgabe

Aufgabe 1

$\frac{2}{4}$ von 392 = ____ : ____ = ____

____ · ____ = ____

Aufgabe 2

$\frac{5}{9}$ von 603 = ____ : ____ = ____

____ · ____ = ____

Aufgabe 3

$\frac{3}{15}$ von 180 = ____ : ____ = ____

____ · ____ = ____

Aufgabe 4

$\frac{6}{8}$ von 304 = ____ : ____ = ____

____ · ____ = ____

Bruchteile berechnen

Arbeitsbogen Nr. 4
Lösung

Aufgabe 1

$\frac{2}{4}$ von 392 = 392 : 4 = 98

98 · 2 = **196**

anderer Lösungsweg

$\frac{2}{4}$ von 392 = 392 · 2 = 784

784 : 4 = **196**

Aufgabe 2

$\frac{5}{9}$ von 603 = 603 : 9 = 67

67 · 5 = **335**

anderer Lösungsweg

$\frac{5}{9}$ von 603 = 603 · 5 = 3015

3015 : 9 = **335**

Aufgabe 3

$\frac{3}{15}$ von 180 = 180 : 15 = 12

12 · 3 = **36**

anderer Lösungsweg

$\frac{3}{15}$ von 180 = 180 · 3 = 540

540 : 15 = **36**

Aufgabe 4

$\frac{6}{8}$ von 304 = 304 : 8 = 38

38 · 6 = **228**

anderer Lösungsweg

$\frac{6}{8}$ von 304 = 304 · 6 = 1824

1824 : 8 = **228**

Bruchteile berechnen

Arbeitsbogen Nr. 5
Aufgabe

Aufgabe 1

$\frac{2}{3}$ von 204 = ______ : ____ = ______

______ · ____ = ______

Aufgabe 2

$\frac{4}{11}$ von 165 = ______ : ____ = ______

______ · ____ = ______

Aufgabe 3

$\frac{2}{9}$ von 702 = ______ : ____ = ______

______ · ____ = ______

Aufgabe 4

$\frac{6}{7}$ von 595 = ______ : ____ = ______

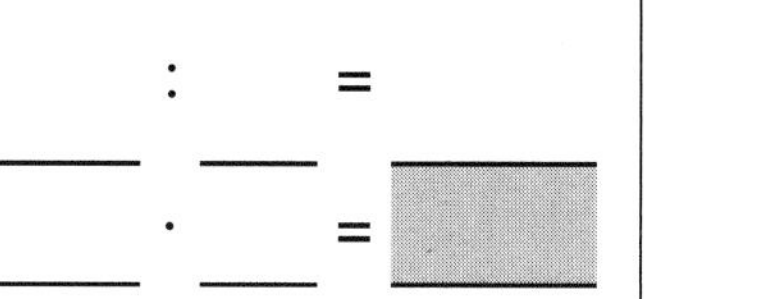

______ · ____ = ______

Bruchteile berechnen

Arbeitsbogen Nr. 5
Lösung

Aufgabe 1

$\frac{2}{3}$ von 204 = 204 : 3 = 68

68 · 2 = **136**

anderer Lösungsweg

$\frac{2}{3}$ von 204 = 204 · 2 = 408

408 : 3 = **136**

Aufgabe 2

$\frac{4}{11}$ von 165 = 165 : 11 = 15

15 · 4 = **60**

anderer Lösungsweg

$\frac{4}{11}$ von 165 = 165 · 4 = 660

660 : 11 = **60**

Aufgabe 3

$\frac{2}{9}$ von 702 = 702 : 9 = 78

78 · 2 = **156**

anderer Lösungsweg

$\frac{2}{9}$ von 702 = 702 · 2 = 1404

1404 : 9 = **156**

Aufgabe 4

$\frac{6}{7}$ von 595 = 595 : 7 = 85

85 · 6 = **510**

anderer Lösungsweg

$\frac{6}{7}$ von 595 = 595 · 6 = 3570

3570 : 7 = **510**

Bruchteile berechnen

Arbeitsbogen Nr. 6
Aufgabe

Aufgabe 1

$\frac{5}{12}$ von 168 = ____ : ____ = ____

____ · ____ = ____

Aufgabe 2

$\frac{7}{8}$ von 704 = ____ : ____ = ____

____ · ____ = ____

Aufgabe 3

$\frac{4}{10}$ von 800 = ____ : ____ = ____

____ · ____ = ____

Aufgabe 4

$\frac{2}{9}$ von 855 = ____ : ____ = ____

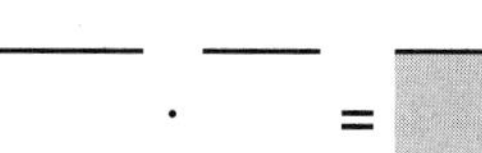

____ · ____ = ____

Bruchteile berechnen

Arbeitsbogen Nr. 6
Lösung

Aufgabe 1

$\frac{5}{12}$ von 168 = 168 : 12 = 14

14 · 5 = **70**

anderer Lösungsweg

$\frac{5}{12}$ von 168 = 168 · 5 = 840

840 : 12 = **70**

Aufgabe 2

$\frac{7}{8}$ von 704 = 704 : 8 = 88

88 · 7 = **616**

anderer Lösungsweg

$\frac{7}{8}$ von 704 = 704 · 7 = 4928

4928 : 8 = **616**

Aufgabe 3

$\frac{4}{10}$ von 800 = 800 : 10 = 80

80 · 4 = **320**

anderer Lösungsweg

$\frac{4}{10}$ von 800 = 800 · 4 = 3200

3200 : 10 = **320**

Aufgabe 4

$\frac{2}{9}$ von 855 = 855 : 9 = 95

95 · 2 = **190**

anderer Lösungsweg

$\frac{2}{9}$ von 855 = 855 · 2 = 1710

1710 : 9 = **190**

Bruchteile berechnen

Arbeitsbogen Nr. 7
Aufgabe

Aufgabe 1

$\frac{4}{7}$ von 539 = ____ : ____ = ____

____ · ____ = ____

Aufgabe 2

$\frac{2}{6}$ von 564 = ____ : ____ = ____

____ · ____ = ____

Aufgabe 3

$\frac{3}{5}$ von 505 = ____ : ____ = ____

____ · ____ = ____

Aufgabe 4

$\frac{5}{13}$ von 169 = ____ : ____ = ____

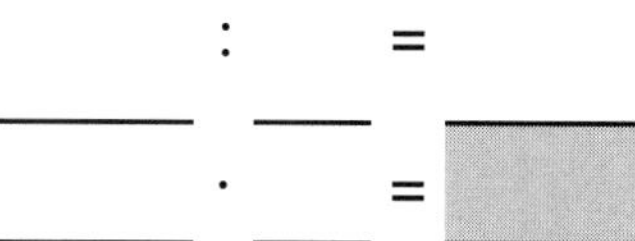

____ · ____ = ____

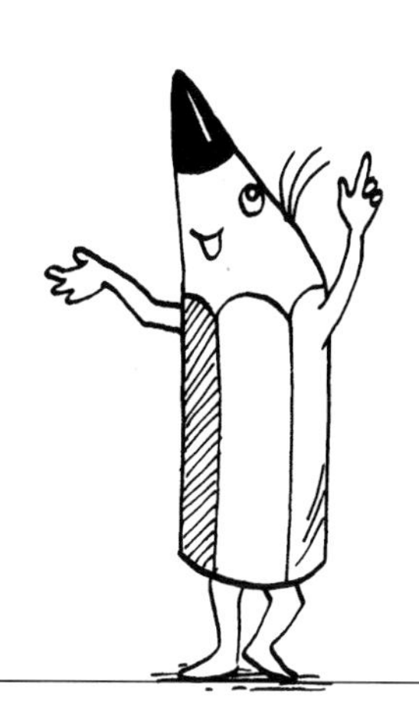

Bruchteile berechnen

Arbeitsbogen Nr. 7
Lösung

Aufgabe 1

$\frac{4}{7}$ von 539 = 539 : 7 = 77

77 · 4 = **308**

anderer Lösungsweg

$\frac{4}{7}$ von 539 = 539 · 4 = 2156

2156 : 7 = **308**

Aufgabe 2

$\frac{2}{6}$ von 564 = 564 : 6 = 94

94 · 2 = **188**

anderer Lösungsweg

$\frac{2}{6}$ von 564 = 564 · 2 = 1128

1128 : 6 = **188**

Aufgabe 3

$\frac{3}{5}$ von 505 = 505 : 5 = 101

101 · 3 = **303**

anderer Lösungsweg

$\frac{3}{5}$ von 505 = 505 · 3 = 1515

1515 : 5 = **303**

Aufgabe 4

$\frac{5}{13}$ von 169 = 169 : 13 = 13

13 · 5 = **65**

anderer Lösungsweg

$\frac{5}{13}$ von 169 = 169 · 5 = 845

845 : 13 = **65**

Bruchteile berechnen

Arbeitsbogen Nr. 8
Aufgabe

Aufgabe 1

$\frac{5}{12}$ von 624 = ___ : ___ = ___

___ · ___ = ___

Aufgabe 2

$\frac{4}{7}$ von 602 = ___ : ___ = ___

___ · ___ = ___

Aufgabe 3

$\frac{2}{8}$ von 632 = ___ : ___ = ___

___ · ___ = ___

Aufgabe 4

$\frac{6}{11}$ von 704 = ___ : ___ = ___

___ · ___ = ___

Bruchteile berechnen

Arbeitsbogen Nr. 8
Lösung

Aufgabe 1

$\frac{5}{12}$ von 624 = 624 : 12 = 52

52 · 5 = **260**

anderer Lösungsweg

$\frac{5}{12}$ von 624 = 624 · 5 = 3120

3120 : 12 = **260**

Aufgabe 2

$\frac{4}{7}$ von 602 = 602 : 7 = 86

86 · 4 = **344**

anderer Lösungsweg

$\frac{4}{7}$ von 602 = 602 · 4 = 2408

2408 : 7 = **344**

Aufgabe 3

$\frac{2}{8}$ von 632 = 632 : 8 = 79

79 · 2 = **158**

anderer Lösungsweg

$\frac{2}{8}$ von 632 = 632 · 2 = 1264

1264 : 8 = **158**

Aufgabe 4

$\frac{6}{11}$ von 704 = 704 : 11 = 64

64 · 6 = **384**

anderer Lösungsweg

$\frac{6}{11}$ von 704 = 704 · 6 = 4224

4224 : 11 = **384**

Bruchteile berechnen

Arbeitsbogen Nr. 9
Aufgabe

<u>Aufgabe 1</u>

$\frac{4}{13}$ von 195 = ______ : ____ = ______

______ · ____ = ______

<u>Aufgabe 2</u>

$\frac{7}{9}$ von 891 = ______ : ____ = ______

______ · ____ = ______

<u>Aufgabe 3</u>

$\frac{3}{4}$ von 644 = ______ : ____ = ______

______ · ____ = ______

<u>Aufgabe 4</u>

$\frac{4}{5}$ von 855 = ______ : ____ = ______

______ · ____ = ______

Bruchteile berechnen

Arbeitsbogen Nr. 9
Lösung

<u>Aufgabe 1</u>

$\frac{4}{13}$ von 195 = 195 : 13 = 15

15 · 4 = **60**

<u>anderer Lösungsweg</u>

$\frac{4}{13}$ von 195 = 195 · 4 = 780

780 : 13 = **60**

<u>Aufgabe 2</u>

$\frac{7}{9}$ von 891 = 891 : 9 = 99

99 · 7 = **693**

<u>anderer Lösungsweg</u>

$\frac{7}{9}$ von 891 = 891 · 7 = 6237

6237 : 9 = **693**

<u>Aufgabe 3</u>

$\frac{3}{4}$ von 644 = 644 : 4 = 161

161 · 3 = **483**

<u>anderer Lösungsweg</u>

$\frac{3}{4}$ von 644 = 644 · 3 = 1932

1932 : 4 = **483**

<u>Aufgabe 4</u>

$\frac{4}{5}$ von 855 = 855 : 5 = 171

171 · 4 = **684**

<u>anderer Lösungsweg</u>

$\frac{4}{5}$ von 855 = 855 · 4 = 3420

3420 : 5 = **684**

Bruchteile berechnen

Arbeitsbogen Nr. 10
Aufgabe

Aufgabe 1

$\frac{4}{15}$ von 3060 = ______ : ___ = ______

______ · ___ = ______

Aufgabe 2

$\frac{3}{8}$ von 1632 = ______ : ___ = ______

______ · ___ = ______

Aufgabe 3

$\frac{2}{3}$ von 1251 = ______ : ___ = ______

______ · ___ = ______

Aufgabe 4

$\frac{9}{11}$ von 935 = ______ : ___ = ______

______ · ___ = ______

Bruchteile berechnen

Arbeitsbogen Nr. 10
Lösung

Aufgabe 1

$\frac{4}{15}$ von 3060 = 3060 : 15 = 204

204 · 4 = **816**

anderer Lösungsweg

$\frac{4}{15}$ von 3060 = 3060 · 4 = 12240

12240 : 15 = **816**

Aufgabe 2

$\frac{3}{8}$ von 1632 = 1632 : 8 = 204

204 · 3 = **612**

anderer Lösungsweg

$\frac{3}{8}$ von 1632 = 1632 · 3 = 4896

4896 : 8 = **612**

Aufgabe 3

$\frac{2}{3}$ von 1251 = 1251 : 3 = 417

417 · 2 = **834**

anderer Lösungsweg

$\frac{2}{3}$ von 1251 = 1251 · 2 = 2502

2502 : 3 = **834**

Aufgabe 4

$\frac{9}{11}$ von 935 = 935 : 11 = 85

85 · 9 = **765**

anderer Lösungsweg

$\frac{9}{11}$ von 935 = 935 · 9 = 8415

8415 : 11 = **765**